भारत में जातियाँ

भारत में जातियाँ

डॉ. बी. आर. अम्बेडकर

KALPAZ

भारत में सन् 2025 में प्रकाशित

कल्पाज पब्लिकेशन
सी–30, सत्यवती नगर,
दिल्ली–110052

वेब साइट: www.kalpazpublications.com
ई–मेल: kalpaz@hotmail.com

Distribution Network
gyanbooks.com
India, USA, Canada, UK, Australia, France

भारत में जातियाँ

अनुवादक: सैयद इखलाक हुसैन

ISBN: 978-93-5722-431-4 (PB)

मुद्रित: ज्ञान प्रेस, दिल्ली

भारत में जातियाँ

उनका तंत्र, सृष्टि और उत्थान

डॉ. ए. ए. गोल्डनवाइजर का

मनुष्य जाति विज्ञान संगोष्ठी

9 मई, 1916 को कोलंबिया विश्वविद्यालय, न्यूयॉर्क, यू.एस.ए.

का स्रोतः भारतीय पुरातत्त्वविद्, मई 1917, खंड. XLI

हममें से कई लोगों ने, मैं यह कहने का साहस करता हूँ कि भौतिक वस्तुओं का स्थानीय, राष्ट्रीय या अंतर्राष्ट्रीय प्रतिपादन देखा है जो मानव सभ्यता का कुल योग बनाता हैं। लेकिन बहुत कम लोग इस विचार का मनोरंजन कर सकते हैं कि मानव प्रतिष्ठापन का प्रतिपादन जैसी भी कोई चीज हो सकती है। मानवीय संस्थाओं का प्रदर्शन एक अजीब विचार है; कुछ लोग इसे सबसे जंगली विचार कह सकते हैं। लेकिन नृजाति विज्ञान के छात्रों के रूप में मुझे आशा है कि आप इस नवीनीकरण पर कठोर नहीं होंगे, क्योंकि ऐसा नहीं है, और कम से कम आपके लिए यह अजीब नहीं होना चाहिए।

आप सभी ने मुआइना किया है, मुझे विश्वास है, पोम्पेई के ध्वंसावशेष जैसे कुछ ऐतिहासिक स्थान, और पथप्रदर्शक की चिकनी–चुपड़ी जीभ से निकले अवशेषों के इतिहास को उत्सुकता से

सुना है। मेरी राय में नृजाति विज्ञान का एक छात्र, कम से कम एक अर्थ में, काफी हद तक पथप्रदर्शक की तरह है। उसके प्रतिकृति की तरह, वह कायम रखता है (शायद अधिक गंभीरता और आत्म–निर्देश की इच्छा के साथ) सामाजिक संस्थाएँ देखने के लिए, मानवीय रूप से संभव सभी यथार्थता के साथ और उनकी उत्पत्ति और कार्य के बारे में पूछताछ करता है।

इस विचार–गोष्ठी में हमारे अधिकांश साथी छात्र, जिसका संबंध प्राचीन के प्रति आधुनिक समाज से है, इन पंक्तियों के साथ स्वयं को विभिन्न संस्थानों की स्पष्ट व्याख्या देकर निपुणतापूर्वक अपराधमुक्त कर लिया है, आधुनिक या आदिकालीन, जिसमें उनकी रुचि हो। अब मेरी बारी है, इस शाम, यथासंभव आपका मनोरंजन करने की, एक कागज के जरिए, "भारत में जातियाँः उनका तंत्र, सृष्टि और उत्थान।"

मुझे आपको विषय की संकरता याद दिलाने की आवश्यकता नहीं है जिस विषय को मैं संभालने का आशय रखता हूँ। जाति के मर्म को सुलझाने के काम में मेरे से भी अधिक सूक्ष्मतर मन और सक्षम कलम को लाया गया है; लेकिन दुर्भाग्य से यह अभी भी "अस्पष्टीकृत" के ज्ञानक्षेत्र में बना हुआ है, "बिना–समझे" के बारे में तो कहना ही नहीं है, मैं जाति जैसी पुरानी संस्था की जटिल पेचीदगियों से भली–भांति परिचित हूँ, लेकिन मैं इतना निराशापूर्ण हूँ कि इसे अज्ञात के क्षेत्र में धकेल देता हूँ, क्योंकि मेरा विश्वास है कि यह जाना जा सकता है। जाति की समस्या बहुत बड़ी है, सैद्धांतिक और प्रायोगिक दोनों ही रूप से। वास्तविक रूप से, यह एक ऐसी संस्था है जो पूर्वसूचक परिणामों की भविष्यवाणी करती है। यह एक अवस्थिति समस्या है, लेकिन बहुत व्यापक कुचेष्टा करने में सक्षम है, क्योंकि "जब तक भारत में जाति अस्तित्व में है, हिंदू शायद ही अंतर्जातीय विवाह करेंगे

या बाहरी लोगों के साथ कोई सामाजिक संसर्ग नहीं रखेंगे; और यदि हिंदू पृथ्वी पर अन्य क्षेत्रों में प्रव्रजन कर जाते हैं, तो भारतीय जाति एक विश्व समस्या बन जाएगी।" सैद्धांतिक रूप से, इसने बहुत से विद्वानों को ललकारा है, प्रेम के श्रम के रूप में, इसके उद्‌गम को खोदने का। ऐसे ही मामले में, मैं समस्या का संपूर्ण इलाज नहीं कर सकता। मुझे डर है कि समय, स्थान और विचक्षणता, ये सभी मुझे विफल कर देंगे, अगर मैंने खुद को इसके एक चरण तक सीमित रखने के अलावा कुछ और करने का प्रयास किया। अर्थात्, जाति–व्यवस्था की उत्पत्ति, तंत्र और सृष्टि। मैं इस नियम का सख्ती से पालन करूँगा, और अप्रासंगिक मामलों पर तभी ध्यान केंद्रित करूँगा जब मेरी प्रसंग में किसी बिंदु को स्पष्ट करना या समर्थन करना आवश्यक हो।

विषय के साथ आगे बढ़ने के लिए। प्रसिद्ध मानवजाति विज्ञानी के अनुसार, भारत की जनसंख्या आर्यों, द्रविड़ों, मंगोलियाई और सीथियन का मिश्रण है। ये सभी लोग सदियों पहले विभिन्न दिशाओं से और विभिन्न संस्कृतियों के साथ भारत में आए थे, जब वे एक आदिवासी राज्य में थे। उन सभी ने बदले में अपने पूर्वाधिकारी के साथ लड़कर देश में प्रवेश किया, और पेट भर जाने के बाद शांतिपूर्ण रूप में पड़ोसी की भाँति बस गए। निरंतर संपर्क और पारस्परिक अन्योन्य संसर्ग के माध्यम से उन्होंने एक सामान्य संस्कृति विकसित की जिसने उनकी विशिष्ट संस्कृतियों का उल्लंघन कर दिया। यह माना जा सकता है कि भारत के लोगों को बनाने वाले विभिन्न शेयरों का पूरी तरह से समामेलन नहीं हुआ है, और भारत की सीमाओं के भीतर से एक यात्री के लिए पूर्व काया और यहाँ तक कि रंग में भी पश्चिम के साथ एक उल्लेखनीय अंतर प्रस्तुत करता है, जैसा कि

दक्षिण से उत्तर होता है। लेकिन समामेलन कभी भी सजातीयता का एकमात्र निकष नहीं हो सकता जैसा कि किसी भी व्यक्ति के लिए समर्पित है। मानव–जाति के अनुसार सभी लोग बहुजातीय हैं। संस्कृति की एकता ही एकरूपता का आधार है। इसे मानकर चलते हुए, मैं यह कहने का साहस करता हूँ कि ऐसा कोई देश नहीं है जो अपनी संस्कृति की एकता के संबंध में भारतीय प्रायद्वीप का प्रतिद्वंद्वी बन सके। इसमें न केवल भौगोलिक एकता है, बल्कि सबसे अधिक गहरी और कहीं अधिक मौलिक एकता है– असंदिग्ध सांस्कृतिक एकता है जो भूमि को शुरू से अंत तक सम्मिलित करती है। लेकिन इस सजातीयता के कारण ही जाति एक ऐसी समस्या बन जाती है जिसे समझाना इतना कठिन हो जाता है। यदि हिंदू समाज परस्पर अनन्य इकाइयों का एक संघ मात्र होता, तो मामला काफी सरल होता। लेकिन जाति पहले से ही एक सजातीय इकाई का एक अंश–विभाजन है, और जाति की उत्पत्ति की व्याख्या इस अंश–विभाजन की प्रक्रिया की व्याख्या है। अपनी जाँच के क्षेत्र में शुभारंभ करने से पहले, किसी जाति की प्रकृति के बारे में खुद को सलाह देना बेहतर होगा। इसलिए मैं जाति की परिभाषा जानने के लिए उसके कुछ सर्वश्रेष्ठ विद्यार्थियों का सहारा लूँगाः–

(1) श्री सेनार्ट, एक फ्रांसीसी अधिकारी, एक जाति को "एक अंतरंग व्यापार संघ के रूप में परिभाषित करते हैं, सिद्धांत रूप में किसी भी दर पर कड़ाई से पैत्रिक एक निश्चित पारंपरिक से सुसज्जित और स्वतंत्र संगठन, जिसमें एक सदर और एक समिति शामिल है, न्यूनाधिक विस्तृत प्राधिकरण की सभाओं में समय–समय पर बैठक करना और त्योहार पर एक साथ शामिल होनाः सामान्य व्यवसायों से एक साथ बँधे हुए, जो अधिक विशेष रूप से विवाह

संबंधित हैं और भोजन तथा अधिकृत प्रदूषण के प्रश्न और अधिकार–क्षेत्र के प्रयोग द्वारा अपने सदस्यों पर शासन करता है, जिसकी सीमा भिन्न होती है, लेकिन जो समूह से अंतिम अपरिवर्तनीय बहिष्कार द्वारा और सबसे ऊपर, प्रतिबंधात्मक दंड की मंजूरी के द्वारा समुदाय के अधिकार को और अधिक महसूस कराने में सफल होता है।

(2) श्री नेसफील्ड ने जाति को "समुदाय का एक वर्ग के रूप में परिभाषित किया है जो किसी भी अन्य वर्ग के साथ किसी भी संबंध को त्यागता है और न तो अंतर्जातीय विवाह कर सकता है, न ही उनके अपने समुदाय के व्यक्तियों के साथ खा – पी सकता है।"

(3) सर एच. रिस्ले के अनुसार, "एक जाति को परिवारों के संचयन के रूप में परिभाषित किया जा सकता है या परिवारों के समूह जिनका एक सामान्य नाम होता है जो आमतौर पर विशिष्ट व्यवसाय को दर्शाता है या उससे जुड़ा होता है, एक पौराणिक पूर्वज, मानव या दिव्य, से सामान्य वंश का दावा करते हैं, समान पेशेवर आजीविका का पालन करने का दावा करते हैं और उन लोगों द्वारा माना जाता है जो एक एकल सदृश समुदाय बन कर राय देने में सक्षम हैं।"

(4) डॉ. केतकर ने जाति को "दो विशेषताओं वाला एक सामाजिक समूह" के रूप में परिभाषित किया है:–

(i) सदस्यता उन लोगों तक ही परिरुद्ध है जो सदस्यों से पैदा हुए हैं और इसमें इस तरह पैदा हुए सभी व्यक्ति शामिल है।

(ii) सदस्यों को एक अनाराध्य सामाजिक कानून द्वारा समूह के बाहर शादी प्रतिबंधित है।"

इन परिभाषाओं की समीक्षा करना हमारे उद्देश्य के लिए बहुत महत्त्वपूर्ण है। यह देखा जाएगा कि अलग–अलग तीन लेखकों की परिभाषाओं में बहुत अधिक या बहुत कम शामिल हैः कोई भी अपने आप में पूर्ण या सही नहीं है और सभी जाति–व्यवस्था के तंत्र में केंद्रीय बिंदु से चूक गए हैं। उनकी गलती जाति को अपने आप में एक अलग इकाई के रूप में परिभाषित करने की कोशिश में है, न कि एक समूह के रूप में, और समग्र रूप से जाति–व्यवस्था के साथ निश्चित संबंधों के साथ। फिर भी सामूहिक रूप से वे सभी एक–दूसरे के पूरक हैं, प्रत्येक उस पर महत्त्व देते हैं। जो दूसरे में निष्प्रदीप रहे है। इसलिए, आलोचना के माध्यम से, उपर्युक्त प्रत्येक परिभाषा में सभी जातियों के लिए केवल उन्हीं बिंदुओं को लिया जाएगा जिन्हें जाति की विशिष्टताओं के रूप में माना जाता है और उनका मूल्यांकन उसी रूप में किया जाएगा।

श्री सेनार्ट के साथ शुरुआत। वह जाति की विशेषता के रूप में "प्रदूषण के विचार" की ओर ध्यान आकर्षित करते हैं। इस चिह्न के संबंध में यह सुरक्षित रूप से कहा जा सकता है कि यह किसी भी तरह से जाति की विलक्षणता नहीं है। यह आमतौर पर पुरोहिती शिष्टाचारिता में उत्पन्न होता है और पवित्रता में सामान्य विश्वास का एक विशेष मामला है। परिणामतः जाति के कामकाज को नुकसान पहुँचाए बिना जाति के साथ इसके आवश्यक संबंध को पूरी तरह से नकारा जा सकता है। प्रदूषण का विचार "जाति संस्था से जुड़ा हुआ है, केवल इसलिए क्योंकि जिस जाति को सर्वोच्च दर्जा प्राप्त है वह पुरोहित जाति है; जबकि हम जानते हैं कि पुजारी और पवित्रता पुराने सहयोगी हैं। इसलिए हम यह निष्कर्ष निकाल सकते हैं कि "प्रदूषण का विचार" जाति की विशेषता केवल वहीं तक है जहाँ तक जाति का धार्मिक स्वाद है।

श्री नेसफील्ड, अपने तरीके से जाति के बाहर के लोगों के साथ बेतरतीबी की अनुपस्थिति को इसकी विशेषताओं में से एक मानते हैं। बात की नवीनता के बावजूद हमें यह कहना होगा कि श्री नेसफील्ड ने कार्य को कारण समझने की भूल की है। जाति, एक स्वयं संलग्न इकाई होने के कारण स्वाभाविक रूप से इसके सदस्यों के बीच सामाजिक अन्योन्य संसर्ग को सीमित करती है, जिसमें गड़बड़ी आदि भी शामिल हैं। परिणामतः बाहरी लोगों के साथ खिलवाड़ का यह अभाव सकारात्मक निषेध के कारण नहीं है, बल्कि जाति अर्थात् विशिष्टता का स्वाभाविक परिणाम है। इसमें कोई संदेह नहीं है कि मूल रूप से एकांतिकता के कारण गड़बड़ी की अनुपस्थिति ने एक धार्मिक व्यादेश के निषेधात्मक चरित्र को प्राप्त कर लिया है, लेकिन इसे बाद में विकास के रूप में माना जा सकता है। सर एच. रिस्ले विशेष ध्यान देने योग्य कोई नई बात नहीं क़हते।

अब हम डॉ. केतकर की परिभाषा पर आगे बढ़ेंगे जिन्होंने इस विषय के स्पष्टीकरण के लिए बहुत कुछ किया है। न केवल वह मूल निवासी हैं, बल्कि जाति के अध्ययन में उनके पास आलोचनात्मक विचक्षणता और खुला दिमाग भी है। उनकी परिभाषा विचारणीय है, क्योंकि उन्होंने जाति को जातियों की व्यवस्था के संबंध में परिभाषित किया है, और अपना ध्यान केवल उन विशेषताओं पर केंद्रित किया है जो एक पद्धति के भीतर जाति के अस्तित्व के लिए बिल्कुल आवश्यक हैं, अन्य सभी को चरित्र में माध्यमिक या साधित के रूप में छोड़कर उचित रूप से रखा है। उनकी परिभाषा के संबंध में, हालाँकि, यह कहा जाना चाहिए कि इसमें विचार का थोड़ा अस्तव्यस्तता है, सबोधगम्य और प्रिय जैसा कि यह अन्यथा है। वह जाति की दो विशेषताओं के रूप में अंतर्विवाह के निषेध और स्वजन द्वारा सदस्यता

की बात करते हैं। मैं मानता हूँ कि ये एक ही चीज के दो पहलू हैं, न कि दो अलग–अलग चीजें, जैसा कि डॉ. केतकर इन्हें मानते हैं। यदि आप अंतर्विवाह पर रोक लगाते हैं तो इसका परिणाम यह होता है कि आप सदस्यता सीमित कर देते हैं। समूह के भीतर पैदा हुए लोगों के लिए। इस प्रकार दोनों एक ही पदक के अग्र और पृष्ठ हैं।

जाति की विभिन्न विशेषताओं के इस आलोचनात्मक मूल्यांकन से इसमें कोई संदेह नहीं रह जाता है कि निषेध, या कहें कि अंतर्विवाह–अंतर्विवाह की अनुपस्थिति, संक्षेप में ही एकमात्र ऐसी चीज है जिसे सही ढंग से समझने पर जाति का सार कहा जा सकता है। लेकिन कुछ लोग अमूर्त मनुष्य–शास्त्र–विषयक आधार पर इसे नकार सकते हैं, क्योंकि जाति की समस्या को जन्म दिए बिना अंतर्विवाही समूह मौजूद हैं। सामान्य तौर पर यह सच हो सकता है, क्योंकि अंतर्विवाही समाज, सांस्कृतिक रूप से भिन्न, इलाकों में अपना निवास–स्थान लगभग हटा देना और एक–दूसरे से बहुत कम लेना–देना एक भौतिक वास्तविकता है। संयुक्त राज्य अमेरिका में अमेरिकी भारतीयों के नाम से जाने जाने वाले नीग्रो और गोरे तथा विभिन्न आदिवासी समूहों को इस दृष्टिकोण के समर्थन में करीब–करीब उपयुक्त उदाहरण के रूप में उद्धृत किया जा सकता है। लेकिन हमें मामलों को अव्यवस्थित नहीं करना चाहिए, क्योंकि भारत में स्थिति अलग है। जैसा कि पहले बताया गया है, भारत के लोग एक सदृश समग्रता का निर्माण करते हैं। निश्चित क्षेत्रों पर कब्जा करने वाली भारत की विभिन्न जातियाँ करीब–करीब एक–दूसरे में संगलित हैं और सांस्कृतिक एकता प्रभावित करती, जो एक सजातीय आबादी का एकमात्र निकष है। आधार के रूप में इस एकरूपता को देखते हुए, जाति एक ऐसी समस्या बन जाती है जो

चरित्र में पूरी तरह से नई होती है और केवल अंतर्विवाही सामाजिक या जनजातीय समूहों की प्रवृत्ति से गठित स्थिति में पूरी तरह से अनुपस्थित होती है। भारत में जाति का अर्थ है जनसंख्या को स्थायी और निश्चित इकाइयों में शिल्पनिर्मित रूप से काट देना, जिनमें से प्रत्येक को सजातीय विवाह की प्रथा के माध्यम से दूसरे में विलय होने से रोका जाता है। इस प्रकार यह निष्कर्ष अपरिहार्य है कि सजातीय विवाह ही एकमात्र ऐसी विशेषता है जो जाति की विशेषता है, और यदि हम यह दिखाने में सफल हो जाते हैं कि सजातीय विवाह कैसे कायम रखा जाता है, तो हम व्यावहारिक रूप से जाति की सृष्टि और तंत्र को भी सिद्ध करने में सफल हो जाएँगे।

आपके लिए यह प्रत्याशा करना बिल्कुल आसान नहीं होगा कि मैं सजातीय विवाह को एक जाति–व्यवस्था के रहस्य की कुंजी क्यों मानता हूँ। आपकी कल्पना पर अधिक दबाव न डालते हुए, मैं आगे बढ़ूँगा मैं आपको इसके लिए अपने कारण बताऊँगा। इस समय इस पर जोर अप्रासंगिक नहीं होगा कि आज का कोई भी सभ्य समाज भारतीय समाज की तुलना में असभ्य काल की इतनी अधिक उत्तरजीविता प्रस्तुत नहीं करता है। इसका धर्म सारतः प्राचीन है और इसकी जनजातीय नियम–संग्रह, समय और सभ्यता की प्रगति के बावजूद, आज भी अपनी प्राचीन शक्ति में प्रचलित है। निम्न में से एक ये प्राचीन अस्तित्व, जिस पर मैं विशेष रूप से आपका ध्यान आकर्षित करना चाहता हूँ वह है बहिर्विवाह की प्रथा। प्राचीन दुनिया में बहिर्विवाह का प्रचलन एक ऐसा तथ्य है जो इतना प्रसिद्ध है कि किसी भी स्पष्टीकरण की आवश्यकता नहीं है। हालाँकि, इतिहास के विकास के साथ, बहिर्विवाह ने अपनी प्रभावशीलता खो दी है, और निकटतम रक्त–रिश्तेदारों को छोड़कर, आमतौर पर विवाह के क्षेत्र

को सीमित करना कोई सामाजिक बाधा नहीं है। लेकिन भारत के लोगों के संबंध में बहिर्विवाह का कानून आज भी एक सकारात्मक व्यादेश है। भारतीय समाज अभी भी कुल व्यवस्था को पसंद करता है, भले ही कुल नहीं हैं; और इसे विवाह के कानून से आसानी से देखा जा सकता है जो बहिर्विवाह के सिद्धांत पर केंद्रित है, क्योंकि ऐसा नहीं है कि सपिंड (रक्त–संबंधी) शादी नहीं कर सकते हैं, लेकिन सगोत्र (एक ही वर्ग के) के बीच भी विवाह को अपवित्र माना जाता है।

इसलिए आपके लिए इस तथ्य से अधिक महत्त्वपूर्ण कुछ भी याद रखना नहीं है कि अंतर्विवाह भारत के लोगों के लिए विदेशी है। भारत के विभिन्न गोत्र बहिर्विवाही हैं और रहे हैं; कुलचिह्न संगठन वाले अन्य समूह भी बहिर्विवाही हैं। यह कहना कोई अतिरंजना नहीं है कि भारत के लोगों के लिए बहिर्विवाह एक पंथ है और कोई भी इसका उल्लंघन करने की हिम्मत नहीं करता है, यहाँ तक कि उनके भीतर जातियों की सजातीय विवाह के बावजूद, बहिर्विवाह का कड़ाई से पालन किया जाता है और बहिर्विवाह का उल्लंघन करने पर अंतर्विवाह का उल्लंघन करने की तुलना में अधिक कठोर दंड है। इसलिए, आप आसानी से देखेंगे कि बहिर्विवाह के नियम के साथ कोई जाति नहीं हो सकती, क्योंकि बहिर्विवाह का अर्थ है सम्मिश्रण। लेकिन हमारी जातियाँ हैं; परिणामस्वरूप, जहाँ तक भारत का संबंध है, अंतिम विश्लेषण में जातियों के निर्माण का अर्थ बहिर्विवाह पर अंतर्विवाह का अधिरोपण है। हालाँकि, मूल रूप से बहिर्विवाहित आबादी में अंतर्विवाह (जो जाति के निर्माण के बराबर है) से आसानी से निपटना एक गंभीर समस्या है, और यह बहिर्विवाह के विरुद्ध अंतर्विवाह के संरक्षण के लिए उपयोग किए जाने वाले साधनों पर

विचार करने में है ताकी हमारी समस्या का समाधान ढूँढा जाए जिसकी हम आशा कर सकते हैं।

इस प्रकार बहिर्विवाह पर अंतर्विवाह के अधिरोपण का अर्थ है जाति का निर्माण। लेकिन यह कोई आसान मामला नहीं है। आइए हम एक काल्पनिक समूह को लें जो खुद को एक जाति बनाने की इच्छा रखता है और विश्लेषण करें कि उसे खुद को अंतर्विवाही बनाने के लिए क्या उपाय अपनाने होंगे। यदि कोई समूह स्वयं को अंतर्विवाही बनाना चाहता है तो अंतर्विवाह के विरुद्ध औपचारिक व्यादेश दिया जा सकता है बाहरी समूहों को कोई फायदा नहीं होगा, खासकर अगर सजातीय विवाह की शुरुआत से पहले, सभी वैवाहिक संबंधों में बहिर्विवाह का नियम था। फिर, सभी में एक प्रवृत्ति होती है समूह एक–दूसरे के निकट संपर्क में रहते हैं ताकि वे घुल–मिल सकें और एकजुट हो सकें, और इस प्रकार एक सजातीय समाज में संगठित होना। यदि इस प्रवृत्ति का पुरजोर प्रतिकार किया जाए जाति निर्माण के हित में एक घेरा बनाना नितांत आवश्यक है जिसके बाहर लोगों को शादियाँ नहीं करनी चाहिए।

फिर भी, विवाह को रोकने के लिए यह वृत्त बाहर से समस्याएँ पैदा करता है जिनका समाधान बहुत आसान नहीं है। साधारणतया कहें तो, एक सामान्य समूह में दोनों लिंग लगभग समान रूप से वितरित हैं, और आम तौर पर कहें तो एक ही उम्र के लोगों के बीच समानता है। हालाँकि, समानता वास्तव में समाज में कभी भी महसूस नहीं की जाती है। साथ ही उस समूह को जो स्वयं को एक जाति बनाने की इच्छा रखता है लिंगों के बीच समानता बनाए रखना ही अंतिम लक्ष्य बन जाता है, क्योंकि इसके बिना सजातीय विवाह अब कायम नहीं रह सकता। दूसरे शब्दों में, यदि सजातीय विवाह को

संरक्षित रखना है भीतर से वैवाहिक अधिकार प्रदान करना होगा, अन्यथा समूह के सदस्य को किसी भी तरह से अपना ख्याल रखने के लिए घेरे से बाहर निकाल दिया जाए। यदि कोई समूह स्वयं को अंतर्विवाही बनाना चाहता है तो अंतर्विवाह के विरुद्ध औपचारिक निषेधाज्ञा दी जा सकती है फिर भी, बाहर से विवाह रोकने की यह घेरेबंदी भीतर ही भीतर समस्याएँ पैदा करती है जिनका समाधान बहुत आसान नहीं है। मोटे तौर पर कहें तो, एक सामान्य समूह में दोनों लिंग लगभग समान रूप से वितरित हैं, और आम तौर पर कहें तो समानता है। दूसरे शब्दों में, यदि अंतर्विवाह को संरक्षित करना है तो भीतर से वैवाहिक अधिकार प्रदान करने होंगे, अन्यथा समूह के सदस्यों को किसी भी तरह से अपना ख्याल रखने के लिए दायरे से बाहर कर दिया जाएगा। लेकिन वैवाहिक अधिकारों को भीतर से प्रदान करने के लिए स्वयं को एक जाति बनाने के इच्छुक समूह के भीतर दो लिंगों की विवाह योग्य इकाइयों के बीच एक संख्यात्मक समानता बनाए रखना नितांत आवश्यक है। ऐसी समानता बनाए रखने से ही समूह की आवश्यक सजातीय विवाह को अक्षुण्ण रखा जा सकता है और बहुत बड़ी विभिन्नता से इसका टूटना तय है।

जाति की समस्या अंततः इसके भीतर दो लिंगों की विवाह योग्य इकाइयों के बीच में विभिन्नता को दूर करने में ही सुलझती है। प्रकृति पर छोड़ दिया जाए तो, इकाइयों के बीच बहुत आवश्यक सानुकूल्य तभी महसूस किया जा सकता है जब एक जोड़े की एक साथ मृत्यु हो जाए। लेकिन यह एक दुर्लभ प्रासंगिकता है। पति पत्नी से पहले मर सकता है और एक अतिरिक्त महिला पैदा कर सकता है, जिसे निपटाया जाना चाहिए, अन्यथा अंतर्विवाह के माध्यम

से वह समूह की सजातीय विवाह का उल्लंघन करेगी। इसी प्रकार, पति जीवित रह सकता है, उसकी पत्नी और अधिशेष पुरुष हो सकती है, जिसे समूह, जबकि वह दुखद शोक के लिए उसके साथ सहानुभूति रख सकता है, का निपटान करना होगा, अन्यथा वह जाति के बाहर विवाह करेगा और सजातीय विवाह को तोड़ देगा। इस प्रकार, अतिरिक्त पुरुष और अतिरिक्त महिला दोनों ही जाति के लिए खतरा हैं, यदि उनकी देखभाल नहीं की गई, क्योंकि उन्हें अपने निर्धारित दायरे के भीतर उपयुक्त साथी नहीं मिल रहे हैं (और उन्हें खुद पर छोड़ दिया जाए तो उन्हें कोई भी नहीं मिल सकता है, क्योंकि यदि मामले को क्रम में नहीं किया जाता है तो केवल यही संभव है, चारों ओर घूमने के लिए बस पर्याप्त जोड़े हों) बहुत संभव है कि वे सीमा का उल्लंघन करेंगे, बाहर शादी करेंगे और ऐसी संतान पैदा करेंगे जो जाति के लिए विदेशी है।

आइए देखें कि हमारा काल्पनिक समूह इस अधिशेष पुरुष और अधिशेष महिला के साथ क्या कर सकता है। हम सबसे पहले अधिशेष महिला का मामला उठाएँगे। उसे दो अलग–अलग तरीकों से निपटाया जा सकता है ताकि जाति की सजातीय विवाह को संरक्षित किया जा सके।

पहला: उसे उसके मृत पति की चिता पर जला दो और उससे छुटकारा पाओ। हालाँकि, यह लैंगिक असमानता की समस्या को हल करने का एक असाध्य तरीका है। कुछ मामलों में यह काम कर सकता है, कुछ में नहीं। नतीजतन, हर अधिशेष महिला को इस प्रकार निपटाया नहीं जा सकता, क्योंकि यह एक आसान समाधान है लेकिन एक कठिन अहसास है। और इसलिए अतिरिक्त महिला (विधवा), यदि निपटारा नहीं किया जाता है, तो समूह में बनी रहती

है। लेकिन अपने अस्तित्व में दोहरा खतरा है। वह जाति से बाहर विवाह कर सकती है और सजातीय विवाह का उल्लंघन कर सकती है, या वह जाति के भीतर विवाह कर सकता है और प्रतिस्पर्धा के माध्यम से अवसरों का अतिक्रमण कर सकता है।

विवाह जो जाति में संभावित दुल्हनों के लिए आरक्षित होना चाहिए। वह इसलिए एक है कि किसी भी स्थिति में संकट है, और यदि उसे अपने मृत पति के साथ जलाया नहीं जा सकता तो उसके साथ कुछ किया जाना चाहिए।

दूसरा उपाय यह है कि उस पर शेष जीवन के लिए विधवापन लागू कर दिया जाए। जहाँ तक वस्तुपरक परिणामों की बात है तो वैधव्य जलाना लागू करने से बेहतर समाधान है। विधवा को जलाने से एक अतिरिक्त स्त्री में होने वाली तीनों भारयुक्त बुराइयाँ खत्म हो जाती हैं। मरकर चली जाने के कारण वह अंदर ही अंदर पुनर्विवाह या जाति के बाहर की कोई समस्या पैदा नहीं करती। लेकिन अनिवार्य विधवापन जलने से बेहतर है क्योंकि यह अधिक व्यावहारिक है। तुलनात्मक रूप से मानवीय होने के साथ–साथ यह पुनर्विवाह के रूप में जलने वाली बुराइयों से भी बचाता है। लेकिन यह समूह की नैतिकता की रक्षा करने में विफल रहता है। इसमें कोई शक नहीं अनिवार्य विधवापन के तहत महिला बनी रहती है, और सिर्फ इसलिए कि वह वंचित है; भविष्य में वैध पत्नी होने का उसका विधिसम्मत अधिकार अनैतिक आचरण का बढ़ा हुआ प्रोत्साहन है। लेकिन यह किसी भी तरह से कोई अलंघ्य कठिनाई नहीं है। उसे एक माना जा सकता है की ऐसी स्थिति जिसमें वह अब आकर्षण का स्रोत नहीं रह गई है।

अधिशेष पुरुष (विधुर) की समस्या उस समूह में अधिशेष महिला की तुलना में कहीं अधिक महत्त्वपूर्ण और अधिक कठिन है जो खुद को एक जाति में बनाना चाहता है। स्मरणातीत से ही स्त्री की तुलना में पुरुष का वर्चस्व रहा है। वह हर समूह में एक प्रमुख व्यक्ति है और दोनों लिंगों में से उसकी प्रतिष्ठा अधिक है। स्त्री पर पुरुष की इस पारंपरिक श्रेष्ठता के कारण हमेशा उसकी इच्छाओं का ध्यान रखा गया है। दूसरी ओर, महिला धार्मिक, सामाजिक या आर्थिक सभी प्रकार के अन्यायपूर्ण निषेधों का आसान शिकार रही है। लेकिन निषेधाज्ञा के निर्माता के रूप में मनुष्य अक्सर उन सभी से ऊपर होता है। ऐसी स्थिति होने पर, आप किसी को एक ही प्रकार का उपचार नहीं दे सकते। एक जाति में एक अधिशेष महिला के लिए जितना संभव हो उतना अधिशेष पुरुष के लिए भी है।

उसे उसकी मृतक पत्नी के साथ जलाने की परियोजना दो तरह से खतरनाक है– सबसे पहले, यह नहीं किया जा सकता, सिर्फ इसलिए कि वह एक पुरुष है। दूसरे, यदि ऐसा किया जाता है, तो एक प्रबल आत्मा जाति से खो जाती है। ऐसे में दो ही उपाय बचते हैं जो उसे आसानी से निपटा सकते हैं। मैं सुविधापूर्वक कह रहा हूँ, क्योंकि वह समूह के लिए एक संपत्ति है।

समूह के लिए वह जितना महत्त्वपूर्ण है, अंतर्विवाह उससे भी अधिक महत्त्वपूर्ण है, और समाधान को इन दोनों लक्ष्यों को सुनिश्चित करना चाहिए। इन परिस्थितियों में उसे मजबूर किया जा सकता है या मुझे कहना चाहिए कि उसे विधवा की तरह जीवन भर विधुर बने रहने के लिए प्रेरित किया जा सकता है। यह समाधान पूरी तरह से कठिन नहीं है, क्योंकि बिना किसी दबाव के कुछ लोग इस हद तक प्रवृत्त हो जाते हैं कि वे स्व–निर्धारित अविवाहित जीवन का आनंद

लेते हैं, या यहाँ तक कि अपनी सहमति से एक और कदम उठाते हैं और दुनिया तथा उसकी खुशियों को त्याग देते हैं। लेकिन, मानव स्वभाव को देखते हुए, इस समाधान के साकार होने की उम्मीद शायद ही की जा सकती है। दूसरी ओर, जैसा कि होने की बहुत अधिक संभावना है, यदि अधिशेष व्यक्ति समूह की गतिविधियों में सक्रिय भागीदार के रूप में समूह में रहता है, तो वह समूह की नैतिकता के लिए खतरा है। एक अलग दृष्टिकोण से देखा जाए तो कुँवारापन, हालाँकि उन मामलों में आसान है जहाँ यह सफल होता है, फिर भी जाति की भौतिक संभावनाओं के लिए इतना फायदेमंद नहीं है। यदि वह वास्तविक अविवाहित जीवन का पालन करता है और दुनिया का त्याग करता है, वह जाति सजातीय विवाह या जाति के संरक्षण के लिए खतरा नहीं होगा यदि वह एक धर्मनिरपेक्ष व्यक्ति बना रहे तो निस्संदेह उनकी नैतिकता वैसी ही रहेगी। लेकिन एक तपस्वी के रूप में जहाँ तक उसकी जाति की भौतिक भलाई की बात है तो अविवाहित जीवन होना उतना ही अच्छा है जितना कि जलना।

एक जाति, ताकि वह इतनी बड़ी हो सके कि एक जोरदार सांप्रदायिकता का सामना कर सके, जीवन को एक निश्चित संख्यात्मक शक्ति पर बनाए रखा जा सके। लेकिन इसके लिए आशा करना और अविवाहित जीवन का प्रचार करना रक्तस्राव द्वारा अपक्षय को ठीक करने की कोशिश करने के समान है।

इसलिए, समूह में अतिरिक्त व्यक्ति पर अविवाहित जीवन लागू करना सैद्धांतिक और व्यावहारिक रूप से विफल रहता है। उसे गृहस्थ बनाये रखना ही जाति के हित में है। एक परिवार का पालन–पोषण करता है; एक संस्कृत तकनीकी शब्द का उपयोग

करने के लिए। लेकिन समस्या एक पत्नी उसे जाति के भीतर से मुहैया कराने की है। प्रारंभ में यह संभव नहीं है, सत्तारूढ़ अनुपात के लिए जाति एक पुरुष से एक महिला की होनी चाहिए और किसी के भी विवाह के दो अवसर नहीं हो सकते, क्योंकि पूरी तरह से आत्म–संलग्न जाति में हमेशा विवाह योग्य पर्याप्त लोग होते हैं। महिलाएँ विवाह योग्य पुरुषों के लिए फेरे लेंगी। इन परिस्थितियों में आधिक्य पुरुष को समूह में बाँधने के लिए अभी तक विवाह योग्य न होने वालों में से एक दुल्हन की भर्ती करके ही पत्नी प्रदान की जा सकती है। यह निश्चित रूप से सर्वश्रेष्ठ अधिशेष आदमी के मामले में संभावित समाधान है। इससे उसे जाति के भीतर ही रखा जाता है। इस माध्यम से निरंतर उत्प्रवाह के माध्यम से संख्यात्मक कमी से बचाव होता है, और इस अंतर्विवाह से नैतिकता संरक्षित होती है।

अब यह देखा जाएगा कि जिन चार तरीकों से दोनों लिंगों के बीच संख्यात्मक असमानता को आसानी से बनाए रखा जाता है वे हैंः–

(1) विधवा को उसके मृत पति के साथ जलानाय

(2) अनिवार्य विधवापन जलने का एक हल्का रूपय

(3) विधुर पर अविवाहित जीवन लागू करना और

(4) उसकी शादी उस लड़की से करना जो अभी विवाह योग्य न हो। हालाँकि, जैसा कि मैंने ऊपर कहा, विधवा को जलाना और विधुर पर अविवाहित जीवन लागू करना समूह की सजातीय विवाह को संरक्षित करने के प्रयास में संदिग्ध सेवा है, ये सभी साधन के रूप में कार्य करते हैं। लेकिन इसका मतलब है, ताकतों के रूप में, जब

मुक्त होते हैं या गति में आते हैं तो एक अंत पैदा करते हैं। तो फिर ये साधन किस साध्य का निर्माण करते हैं? वे अंतर्विवाह बनाते हैं और उसे कायम रखते हैं, जबकि जाति की विभिन्न परिभाषाओं के हमारे पृथक्करण के अनुसार, जाति और अंतर्विवाह एक ही चीज हैं। इस प्रकार इन साधनों का अस्तित्व जाति के समान है और जाति में ये साधन सम्मिलित हैं।

यह, मेरी राय में, जातियों की व्यवस्था में एक जाति का सामान्य तंत्र है। आइए अब हम इन उच्च सामान्यताओं से हटकर हिंदू समाज की जातियों की ओर मुड़ते है और उनके तंत्र की जाँच करते हैं। मुझे इस प्रतिज्ञा पर यकीन करने की जरूरत नहीं है कि जो लोग अतीत को प्रकाशित करने की कोशिश करते हैं, उनके रास्ते में बहुत सारी खामियाँ हैं, और भारत में जाति निश्चित रूप से एक बहुत प्राचीन संस्था है। यह विशेष रूप से सच है जहाँ कोई प्राधिकृत या लिखित अभिलेख मौजूद नहीं है या जहाँ लोग, हिंदुओं की तरह, इतने संगठित हैं कि उनके लिए इतिहास लिखना एक मूर्खता है, क्योंकि दुनिया एक भ्रम है। लेकिन संस्थाएँ जीवित रहती हैं, भले ही लंबे समय तक वे दर्ज न की गई हों और कई बार रीति–रिवाज और नैतिकता जीवाश्म की तरह होती हैं जो अपना इतिहास खुद बताते हैं। यदि यह सच है, तो समाधान की जाँच करने पर हमारे कार्य को विपुलता से पुरस्कार मिलेगा जहाँ हिंदू अधिशेष पुरुष और अधिशेष महिला की समस्याओं का समाधान करने के लिए पहुँचे। यद्यपि हिंदू समाज की सामान्य कार्य–प्रणाली जटिल है, यहाँ तक कि सतही तौर पर प्रेक्षक भी, तीन विलक्षण नंदा रीति–रिवाज प्रस्तुत करता है, अर्थात्ः–

(i) विधवा को सती या जलाना अपने मृत पति की चिता पर।

(ii) जिसके द्वारा जबरन विधवापन बनाया गया जहाँ विधवा को पुनर्विवाह की अनुमति नहीं है।

(iii) कन्या विवाह।

इसके अलावा, व्यक्ति संन्यास (त्याग) के प्रति एक बड़ी उत्कंठा भी देखता है। विधुर का हिस्सा, लेकिन कुछ मामलों में यह विशुद्ध रूप से मानसिक मनोवृत्ति के कारण हो सकता है। जहाँ तक मेरी जानकारी है, इन रीति–रिवाजों की उत्पत्ति की कोई वैज्ञानिक व्याख्या आगामी नहीं है। हमारे पास यह बताने के लिए बहुत सारे तत्त्वज्ञान हैं कि ये रीति–रिवाज क्यों हैं लेकिन हमें उनकी उत्पत्ति और अस्तित्व के कारणों के बारे में कुछ भी नहीं बताया गया। सती को सम्मानित किया गया, (सीएफ. ए.के. कुमारस्वामी, सतीः पूर्वी महिला की रक्षा में ब्रिटिश समाजशास्त्रीय समीक्षा, खंड VI, 1913) क्योंकि यह "पूर्ण एकता का प्रमाण" है पति–पत्नी के बीच शरीर और आत्मा की और समाधि से परे निष्ठा की, क्योंकि इसमें पत्नीत्व का समाविष्ट समाहित है, जिसे उमा ने बखूबी व्यक्त किया है जब उसने कहा– "अपने भगवान के प्रति समर्पण महिला का सम्मान है, यह उसका शाश्वत स्वर्ग है; और हे महेश्वर", वह अत्यंत मर्मस्पर्शी मानवीय पुकार के साथ आगे कहती है– "मुझे स्वर्ग की भी इच्छा नहीं है आप मुझसे संतुष्ट नहीं हैं!" अनिवार्य वैधव्य का सम्मान क्यों किया जाता है, मुझें नहीं पता न ही मैं अभी तक किसी ऐसे व्यक्ति से मिली हूँ जिसने इसकी प्रशंसा में गाया हो। हालांकि ऐसे बहुत से लोग हैं जो इसका पालन करते हैं। डॉ. केतकर ने कन्या विवाह के सम्मान में जो प्रशस्ति की है, वह इस प्रकार हैः "एक सच्चे वफादार पुरुष या महिला को उस महिला या पुरुष के प्रति स्नेह महसूस नहीं करना चाहिए, जिसके साथ वह संयुक्त है। ऐसी पवित्रता यह न

केवल विवाह के बाद, बल्कि विवाह से पहले भी अनिवार्य है, क्योंकि यही पवित्रता का एकमात्र सही आदर्श है, यदि कोई युवती उस व्यक्ति के अलावा किसी अन्य पुरुष के प्रति प्रेम महसूस करती है जिससे उसका विवाह हो रहा है, तो उसे पवित्र नहीं माना जा सकता है। चूँकि वह नहीं जानती कि उसकी शादी किससे होने वाली है, इसलिए उसे शादी से पहले किसी भी पुरुष के प्रति स्नेह महसूस नहीं करना चाहिए। अगर वह ऐसा करती है तो यह पाप है। इसलिए एक लड़की के लिए यह बेहतर है कि वह यह जान ले कि उसे किससे प्यार करना है, इससे पहले कि उसमें यौन चेतना जागृत हो। अतः लड़की की शादी की जाती है।

यह उच्चस्तरीय और सरल कुतर्क बताता है कि इन संस्थानों को सम्मानित क्यों किया गया, लेकिन हमें यह नहीं बताता कि उनका अभ्यास क्यों किया गया। मेरी अपनी व्याख्या यह है कि उन्हें सम्मानित किया गया क्योंकि उनका अभ्यास किया गया था। 18वीं शताब्दी में व्यक्तिवाद के उदय से थोड़ा भी परिचित कोई भी व्यक्ति मेरी टिप्पणी की सराहना करेगा। हर समय, यह आंदोलन ही है जो सबसे महत्त्वपूर्ण है; और इसके काफी समय बाद तक इसे उचित ठहराने और इसे नैतिक समर्थन देने के लिए दर्शन इसके इधर–उधर विकसित हुए। इसी तरह मैं आग्रह करता हूँ कि यह तथ्य कि इन रीति–रिवाजों की इतनी अधिक प्रशंसा की गई थी, यह साबित करता है कि उनके प्रसार के लिए उन्हें प्रशंसा की आवश्यकता थी। इस प्रश्न के संबंध में कि वे क्यों उठे, मेरा निवेदन है कि जाति की संरचना बनाने के लिए उनकी आवश्यकता थी और उनके सम्मान में दर्शन का उद्देश्य उन्हें लोकप्रिय बनाना था, या गोली को सोने का पानी चढ़ाना था, जैसा कि हम कह सकते हैं, क्योंकि वे रहे होंगे यह

इतना निकृष्ट और अमिश्रित लोगों की नैतिक समझ को झकझोर देने वाला था कि उन्हें बहुत अधिक मिठास की जरूरत थी। हालाँकि, ये प्रथाएँ मूलतः साधनों की प्रकृति की हैं, जिन्हे आदर्श के रूप में प्रस्तुत किया जाता है। लेकिन इससे हमें इसे समझने से अंधे नहीं होना चाहिए। कोई भी सुरक्षित रूप से कह सकता है कि साधनों का आदर्श रूप आवश्यक है और इस विशेष मामले में शायद उन्हें अधिक वृत्तिदान गुणकारिता प्रदान करने के लिए प्रेरित किया गया था। साधन को साध्य कहने से कोई हानि नहीं होती, सिवाय इसके कि इससे उसका चरित्र–स्वांग छिप जाता है। लेकिन यह उसे उसके वास्तविक स्वरूप यानी साधन से वंचित नहीं करता है। आप एक कानून पारित कर सकते हैं कि सभी बिल्लियाँ कुत्ते हैं, जैसे आप साधन को साध्य कह सकते हैं। लेकिन आप साधनों की प्रकृति परिवर्तन कर बिल्लियों को कुत्तों में बदल नहीं सकते हैं; फलस्वरूप मैं यह मानने में न्यायोचित हूँ, कि चाहे साध्य के रूप में माना जाए या साधन के रूप में, सती, जबरन विधवापन और लड़की विवाह ऐसी प्रथाएँ हैं जिनका मुख्य उद्देश्य किसी जाति में अतिरिक्त पुरुष और अतिरिक्त महिला की समस्या और उसकी सजातीय विवाह को बनाए रखने का समाधान करना था। इन रीति–रिवाजों के बिना सख्त अंतर्विवाह विवाह को संरक्षित नहीं किया जा सकता है, जबकि अंतर्विवाह विवाह के बिना जाति नकली है।

भारत में जाति के संरक्षण और तंत्र के निर्माण की व्याख्या करने के बाद, इसकी सृष्टि के बारे में अगला प्रश्न स्वाभाविक रूप से उठता है। प्रश्न या उत्पत्ति हमेशा एक कष्टप्रद प्रश्न होता है और जाति के अध्ययन में इसे दुखद रूप से उपेक्षित किया जाता है; कुछ ने इसमें प्रशय की है, जबकि अन्य ने इसे चकमा दिया है। कुछ लोग

इस बात से हैरान हैं कि क्या जाति की उत्पत्ति जैसी कोई चीज हो सकती है और सुझाव देते हैं कि "यदि हम 'उत्पत्ति' शब्द के प्रति अपने आप को नियंत्रित नहीं कर सकते हैं, तो हमें बहुवचन रूप, नामतः 'जाति की उत्पत्ति' का बेहतर उपयोग करना चाहिए।" जहाँ तक मेरी बात है तो मैं भारत में जाति की उत्पत्ति से हैरान नहीं हूँ, जैसा कि मैंने पहले स्थापित किया है, सजातीय विवाह ही जाति की एकमात्र विशेषता है और जब मैं जाति की उत्पत्ति कहता हूँ तो मेरा मतलब है सजातीय विवाह के तंत्र की उत्पत्ति।

किसी समाज में व्यक्तियों की परमाणुवादी अवधारणा इतनी अधिक लोकप्रिय हो गई है कि मैं कहने वाला था कि राजनीतिक भाषणों में अश्लीलता सबसे बड़ा पाखण्ड है। यह कहना कि व्यक्ति समाज का निर्माण करते हैं, नगण्य है; समाज सदैव वर्गों से बना होता है। वर्ग–संघर्ष के सिद्धांत पर जोर देना अतिरंजना हो सकती है, लेकिन किसी समाज में निश्चित वर्गों का अस्तित्व एक सच्चाई है। उनका आधार भिन्न हो सकता है। वे आर्थिक या बौद्धिक या सामाजिक हो सकते हैं, लेकिन समाज में एक व्यक्ति हमेशा एक वर्ग का सदस्य होता है। यह एक सार्वभौमिक तथ्य है और प्रारंभिक हिंदू समाज इस नियम का अपवाद नहीं हो सकता, और, वास्तव में, हम जानते हैं कि ऐसा नहीं था। यदि हम इस सामान्यीकरण को ध्यान में रखते हैं, तो जाति की सृष्टि का हमारा अध्ययन बहुत सुविधाजनक हो जाएगा, क्योंकि हमें केवल यह निर्धारित करना है कि वह कौन सा वर्ग था जिसने सबसे पहले खुद को एक जाति में बदल दिया, क्योंकि वर्ग और जाति, ऐसा कहने के लिए, पड़ोस के पड़ोसी हैं, और यह केवल एक विस्तार है जो दोनों को अलग करता है। जाति एक परिवृत्त वर्ग है।

जाति की उत्पत्ति के अध्ययन से हमें इस प्रश्न का उत्तर मिलना चाहिए कि वह कौन सा वर्ग है जिसने अपने चारों ओर यह "दीवार" खड़ी की है? प्रश्न बहुत जिज्ञासापूर्ण लग सकता है, लेकिन यह उचित है, और इसका उत्तर हमें पूरे भारत में जातियों की वृद्धि और विकास के रहस्य को स्पष्ट करने में मदद करेगा– दुर्भाग्य से इस प्रश्न का सीधा उत्तर मेरी शक्ति में नहीं है। इसका उत्तर मैं परोक्षतः से ही दे सकता हूँ। मैंने ऊपर ही कहा था कि जिन रीति–रिवाजों की बात की जा रही है वे हिंदू समाज में प्रचलित थे। तथ्यों के प्रति सत्य होने के लिए कथन को योग्य बनाना आवश्यक है, क्योंकि यह उनकी व्यापकता की सार्वभौमिकता को दर्शाता है। ये रीति–रिवाज अपनी पूरी सख्ती के साथ केवल एक ही जाति में उपलब्ध हैं, अर्थात् ब्राह्मण, जो हिंदू समाज के सामाजिक पदानुक्रम में सर्वोच्च स्थान रखते हैं; और गैर–ब्राह्मण जातियों में इनका प्राधान्य होने के कारण इनका पालन न तो सख्त है और न ही पूर्ण व्युत्पन्न। यह महत्त्वपूर्ण तथ्य एक महत्त्वपूर्ण पर्यवेक्षण के आधार के रूप में काम कर सकता है। यदि गैर–ब्राह्मण जातियों में इन रीति–रिवाजों का प्रचलन व्युत्पन्न है, जैसा कि बहुत आसानी से दिखाया जा सकता है, तो यह साबित करने के लिए किसी तर्क की आवश्यकता नहीं है कि जाति संस्था के जनक का वर्ग कौन सा है। ब्राह्मण वर्ग को स्वयं को एक जाति में क्यों सीमित करना चाहिए यह एक अलग प्रश्न है, जिसे किसी अन्य अवसर के लिए रोजगार के रूप में छोड़ा जा सकता है। लेकिन इन रीति–रिवाजों का कड़ाई से पालन और सामाजिक श्रेष्ठता सभी प्राचीन सभ्यताओं में पुरोहित वर्ग द्वारा किया गया अहंकार सिद्ध करने के लिए पर्याप्त है कि वे इन अप्राकृतिक तरीकों से स्थापित और संचालित इस "अप्राकृतिक संस्था" के प्रवर्तक थे।

अब मैं विकास और पूरे भारत में जाति–व्यवस्था के प्रसार के प्रश्न के संबंध में अपने कागज के तीसरे भाग पर आता हूँ। मुझे जिस प्रश्न का उत्तर देना है वह है– कैसे जाति की संस्था शेष गैर–ब्राह्मण आबादी के बीच फैल गई? देश को संपूर्ण भारत में उत्पत्ति के प्रश्न से अधिक जातियों के प्रसार के प्रश्न को और भी बुरा सामना करना पड़ा है। और मुख्य कारण, जैसा कि मुझे लगता है, यह है कि प्रसार और उत्पत्ति के दो प्रश्न अलग नहीं हुए हैं। इसका कारण विद्वानों के बीच समान सोच है कि जाति–व्यवस्था या तो भारत की विनीत जनसंख्या पर एक शास्त्रकार द्वारा एक दिव्य दूरंदेशता के रूप में लागू की गई है, या यह कि यह भारतीय लोगों के लिए सामाजिक विकास के कुछ कानून के अनुसार बढ़ी है। मैं पहले भारत के शास्त्रकार को सँभालने का प्रस्ताव करता हूँ। हर देश का अपना विधायक होता है, जो आपात्काल के समय में एक अवतरण (अवतार) के रूप में उठता है, जो एक पापी मानवता को सही करने के लिए और उसे न्याय और नैतिकता के नियम देता है। मनु, भारत का शास्त्रकार, अगर वह मौजूद था, तो निश्चित रूप से एक दुस्साहसी व्यक्ति था। यदि उन्होंने जिस कहानी को जाति के कानून को दिया था, उसे श्रेय दिया जाता है, तो मनु एक हिम्मती शैतान संगी और जिस मानवता ने उनकी दूरंदेशता को स्वीकार किया वह उस मानवता से बिल्कुल अलग होनी चाहिए जिससे हम अभिज्ञ हैं। यह अकल्पनीय है कि जाति का कानून दिया गया था। यह कहना अत्युक्ति है कि मनु अपने कानून को रेखांकित नहीं कर सकता था, उस वर्ग के लिए जो एक आदमी की कलम द्वारा ब्रूट्स की स्थिति के लिए अपमानित किया जा सकता है, और उसे पर्वतशिखा पर एक और वर्ग उठाने के लिए पीड़ित हो सकता है? जब तक वह एक

तानाशाह नहीं था, जिसने सभी आबादी को परवशता में रखा था, तब तक यह कल्पना नहीं की जा सकती है कि उसे अपने संरक्षण को इस अन्यायपूर्ण तरीके से अपने संरक्षण को दूर करने की अनुमति दी जा सकती है, जैसा कि आसानी से अपने "संस्थानों" पर एक मात्र नजर से देखा जा सकता है। मैं मनु पर कठोर लग सकता हूँ, लेकिन मुझे यकीन है कि मेरा बल उसके भूत को मारने के लिए बहुत मजबूत नहीं है। वह रहता है, एक असंतुष्ट भावना की तरह और उसके लिए निवेदन करते हैं, और मुझे डर है कि लंबे समय तक जीवित रहेगा। एक बात जो मैं आप पर प्रभावित करना चाहता हूँ, वह यह है कि मनु ने जाति का कानून नहीं दिया और वह ऐसा नहीं कर सका। मनु से बहुत पहले जाति मौजूद थी। वह इसका एक समर्थन करनेवाला था और इसलिए इसके बारे में दार्शनिक था, लेकिन निश्चित रूप से वह हिंदू समाज के वर्तमान आदेश को विहित नहीं बता सकता था। उनका काम मौजूदा जाति–नियमों के संहिताकरण और जाति–धर्म के उपदेश के साथ समाप्त हुआ। जाति–व्यवस्था का प्रसार और विकास किसी चालाक व्यक्ति या किसी वर्ग की शक्ति द्वारा प्राप्त किया जाने वाला कार्य बहुत बड़ा है। तर्क में इसी तरह का सिद्धांत है कि ब्राह्मणों ने जाति का निर्माण किया। मनु के बारे में मैंने जो कहा है, उसके बाद, मुझे शायद ही कुछ और कहने की जरूरत है, सिवाय इसके कि यह विचार में गलत है और इरादे में दुर्भावनापूर्ण है। ब्राह्मण कई चीजों के लिए दोषी हो सकते हैं, और मैं कहता हूँ कि वे थे, लेकिन गैर–ब्राह्मण आबादी पर जाति–व्यवस्था का थोपना उनके प्रकृति से परे था। हो सकता है कि उन्होंने अपने शानदार दर्शनशास्त्र धाराप्रवाह से इस प्रक्रिया में मदद की हो, लेकिन वे निश्चित रूप से अपनी योजना को अपने दायरे से आगे

नहीं बढ़ा सकते थे। समाज को अपने पहनावे पर ढालना! कितना गौरवशाली है! कितना मुश्किल है! कोई इसका आनंद ले सकता है और इसके आगे बढ़ने की प्रशंसा कर सकता है; लेकिन इसे बहुत दूर तक आगे नहीं बढ़ा सकते. मेरे हमले की प्रचंडता अनावश्यक लग सकती है; लेकिन मैं आपको आश्वस्त कर सकता हूँ कि यह अनावश्यक नहीं है। रूढ़िवादी हिंदुओं के मन में यह दृढ़ विश्वास है कि हिंदू समाज को किसी तरह जाति–व्यवस्था के ढाँचे में ढाला गया था और यह शास्त्रों द्वारा सचेत रूप से बनाया गया एक संगठन है। यह मान्यता न केवल अस्तित्व में है, बल्कि इसे इस आधार पर उचित ठहराया जा रहा है कि यह अच्छा नहीं हो सकता, क्योंकि यह शास्त्रों द्वारा निर्धारित है और शास्त्र गलत नहीं हो सकते। मैंने इस दृष्टिकोण के प्रतिकूल पक्ष पर इतना आग्रह किया है, इसलिए नहीं कि धार्मिक पवित्रता वैज्ञानिक आधार पर आधारित है, न ही उन सुधारकों की मदद करें जो इसके विरुद्ध प्रचार कर रहे हैं। उपदेश देने से जाति–प्रणाली नहीं बनती न तो अनबना करेंगे। मेरा उद्देश्य उस मनोदृष्टि की असत्यता को दर्शाना है, वैज्ञानिक व्याख्या की स्थिति के लिए उच्च धार्मिक स्वीकृति है।

इस प्रकार महापुरुष के सिद्धांत हमें भारत में जातियों के प्रसार को सुलझाने में बहुत दूर तक मदद नहीं करता है। पश्चिमी विद्वानों ने, संभवतः नायक–पूजा को अधिक महत्त्व नहीं दिया है, अन्य स्पष्टीकरणों का प्रयास किया है। भारत में विभिन्न जातियों का "गठन" जिन नाभिकों ने किया है, उनके अनुसार वे हैं: (1) व्यवसाय; (2) आदिवासी संगठन का अस्तित्व आदि; (3) नये विश्वास का उदय; (4) पार प्रजनन और (5) प्रवासन।

यह प्रश्न पूछा जा सकता है कि क्या ये नाभिक अन्य समाजों में

मौजूद नहीं हैं और क्या ये भारत के लिए विशिष्ट हैं। यदि वे भारत के लिए विशिष्ट नहीं हैं, लेकिन दुनिया के लिए आम हैं, तो ऐसा क्यों है कि उन्होंने इस ग्रह के अन्य हिस्सों में जाति "नहीं बनाई"? क्या इसलिए कि वे हिस्से वेदों की भूमि से भी अधिक पवित्र हैं, या प्राध्यापकों से गलती हुई है? मुझे डर है कि पश्चात्कथित वाला सच है।

उपर्युक्त नाभिकों में से किसी एक या अन्य पर आधारित अपने संबंधित सिद्धांतों के लिए कई लेखकों द्वारा दावा किए गए उच्च सैद्धांतिक मूल्य के बावजूद, किसी को यह कहते हुए खेद है कि बारीकी से जाँच करने पर वे उदाहरण भर से ज्यादा कुछ नहीं हैं–

> "भव्य चीज के बिना भव्य नाम" से मैथ्यू अर्नाल्ड का क्या मतलब है। सर डेन्जिल इबेट्सन, मिस्टर नेसफील्ड, मिस्टर सेनार्ट और सर एच. रिस्ले द्वारा जाति के विभिन्न सिद्धांतों को विकसित किया गया। उनकी एक साथ आलोचना करना यह कहना होगा कि वे औपचारिक तर्क के पेटिटियो प्रिंसिपी का एक प्रच्छन्न रूप हैं। उदाहरण के लिए: श्री नेसफील्ड का कहना है कि "कृत्य और कृत्य ही... वह आधार था जिस पर भारत में जातियों की पूरी व्यवस्था का निर्माण किया गया था। लेकिन उन्हें सही ढंग से याद दिलाया जा सकता है कि उपर्युक्त बयान देकर वह हमारे विचार को बहुत आगे नहीं बढ़ाते हैं, जो व्यावहारिक रूप से यह कहने के बराबर है कि भारत में जातियाँ कार्यात्मक या व्यावसायिक हैं, जो एक बहुत ही खराब खोज है! हमें अभी तक श्री नेसफील्ड से यह नहीं जानना है कि ऐसा क्यों हुआ कि एक व्यावसायिक समूह एक व्यावसायिक जाति में बदल गया? मैं बहुत खुशी से ऐसा करूँगा अन्य मानवजाति विज्ञानी के सिद्धांतों पर विचार

करने का कार्य किया है, क्या ऐसा नहीं था इस तथ्य के लिए कि श्री नेसफील्ड एक प्ररूपी व्यक्ति हैं।

बिना रुके उन सिद्धांतों की आलोचना करना जो विघटन के नियम के पालन में घटित होने वाली घटना को जाति–व्यवस्था को स्वाभाविक बताते हैं, जैसा कि हर्बर्ट स्पेंसर ने उद्‌भव के अपने सूत्र में समझाया है, या एक जीव के भीतर संरचनात्मक भेदभाव के रूप में स्वाभाविक रूप से – "रूढ़िवादी की शब्दावली को नियोजित करने के लिए पक्षसमर्थक, या सुजनन विज्ञान के नियमों का परीक्षण करने के शुरुआती प्रयास के रूप में – जैसा कि सभी से संबंधित है भ्रम का वही वर्ग जो जाति–व्यवस्था को अपरिहार्य या अस्तित्व में मानता है या एक असहाय और विनम्र आबादी पर जानबूझकर इन कानूनों की प्रत्याशा में थोपे जाने के रूप में,अब मैं इस विषय पर अपना दृष्टिकोण आपके सामने रखूँगा।

हमें प्रारंभ में यह याद रखने की सलाह दी जाएगी कि हिंदू समाज, अन्य समाजों की तरह, वर्गों से बना था और सबसे पहले विदित (1) ब्राह्मण या पुजारी वर्ग हैं; (2) क्षत्रिय, या सैन्य वर्ग; (3) वैश्य, या व्यापारी वर्ग और (4) शूद्र, या कारीगर और निम्न वर्ग।

इस तथ्य पर विशेष ध्यान दिया जाना चाहिए कि यह मूलतः एक वर्ग प्रणाली थी, जिसमें व्यक्ति, योग्य होने पर, अपना वर्ग बदल सकते थे, और इसलिए वर्गों ने अपने कर्मियों को बदल दिया। कर्मचारी वर्ग को बदल दिया। हिंदुओं के इतिहास में कुछ समय में, पुरोहित वर्ग ने सामाजिक रूप से खुद को लोगों के शरीर के बाकी हिस्सों से अलग कर लिया और एक बंद दरवाजे की नीति के माध्यम से खुद ही एक जाति बन गए। श्रम के सामाजिक विभाजन के

कानून के अधीन होने के कारण अन्य वर्गों में भेदभाव हुआ, कुछ बड़े समूहों में, कुछ बहुत छोटे समूहों में। वैश्य और शूद्र वर्ग अपक्व अछूत वर्ग थे, जिन्होंने आज की असंख्य जातियों का स्रोत बनाया। चूंकि सैन्य कब्जा बहुत आसानी से बहुत सूक्ष्म उप–विभाजन तक सीमित नहीं होता, इसलिए क्षत्रिय वर्ग को सैनिकों और प्रशासकों में विभेदित किया जा सकता था।

समाज का यह उप–विभाजन बिल्कुल वास्तविक है। लेकिन इन उप–विभाजनों के बारे में अवास्तविक बात यह है कि उन्होंने वर्ग–व्यवस्था के खुले दरवाजे वाले चरित्र को खो दिया है और जाति कहलाने वाली स्वयं संलग्न इकाइयाँ बन गए हैं। सवाल यह है कि क्या उन्हें अपने दरवाजे बंद करने और अंतर्विवाही बनने के लिए बाध्य किया गया था, क्या उन्होंने अपनी सहमति से उन्हें खुराक दी थी? मैं स्वीकारता हूँ कि उत्तर की द्विपंक्ति प्रस्तुत है– कुछ ने दरवाजा बंद कर दिया; दूसरों ने पाया कि यह उनके खिलाफ बंद है। एक मानसशास्त्र–संबंधी निर्वचन है और दूसरा यंत्रवत, लेकिन वे पूरक हैं और जाति–निर्माण की घटना को उसकी संपूर्णता में समझाने के लिए दोनों आवश्यक हैं।

मैं सबसे पहले मानसशास्त्र–संबंधी निर्वचन करूँगा। इस संबंध में हमें जिस प्रश्न का उत्तर देना है वह यह है ये उप विभाजन और वर्ग क्यों, यदि आप चाहें, औद्योगिक, धार्मिक या अन्यथा, स्व–संलग्न या अंतर्विवाही क्यों बन गए? मेरा उत्तर यह है कि ब्राह्मण ऐसे ही थे। अंतर्विवाह या बंद–दरवाजे की पद्धति, हिंदू समाज में एक वेश–भूषा थी, और चूंकि इसकी उत्पत्ति ब्राह्मण जाति से हुई थी, इसलिए सभी गैर–ब्राह्मण उप–विभाजनों या वर्गों ने इसका पूरे दिल से नकल किया, जो, बदले में, अंतर्विवाही जातियाँ बन गए। यह "कृत्रिम का

संक्रमण" है जिसने इन सभी उप–विभाजनों को भेदभाव की अपनी आगे की यात्रा में जकड़ लिया और उन्हें जातियों में बदल दिया है। नकल करने की सहज प्रवृत्ति मानव मन में गहराई तक बैठी हुई है और इसे भारत में विभिन्न जातियों के गठन के लिए एक अनुवित व्याख्या नहीं समझा जाना चाहिए। यह बहुत गहरी है–वाल्टर बागेहोट का तर्क है, कि "हमें नकल को अच्छाजनित, या यहाँ तक कि अभिज्ञ रूप में नहीं सोचना चाहिए। इसके प्रतिकूल, इसका स्थान मुख्य रूप से दिमाग के बहुत अस्पष्ट हिस्सों में होता है, जिनकी धारणाएँ, सचेत रूप से उत्पन्न होने से अब तक, शायद ही महसूस की जाती हैं; पहले से कल्पना करना तो दूर, उस समय महसूस भी नहीं किया जाता। हमारे स्वभाव के अनुकरणात्मक भाग का मुख्य आधार हमारा विश्वास है, और इसके लिए हमें प्रेरित करने वाले कारण हैं।

इस पर विश्वास करना या हमें यह मानने से झिझकना कि यह हमारी प्रकृति के सबसे अस्पष्ट हिस्सों में से एक है। लेकिन जहाँ तक विश्वसनीयता की कृत्रिम करने की प्रकृति का प्रश्न्न है, इसमें कोई संदेह नहीं हो सकता है।" कृत्रिम करने की इस प्रवृत्ति को गेब्रियल टार्डे ने एक वैज्ञानिक अध्ययन का विषय बनाया है, जो अनुकरण के तीन नियम बताते हैं। उनके तीन कानूनों में से एक यह है कि कृत्रिम ऊपर से नीचे की ओर बहती है या, उनके अपने शब्दों को उद्धृत करने के लिए, "मौका मिलने पर, एक कुलीन वर्ग हमेशा और हर जगह अपने नेताओं, अपने राजाओं या संप्रभुओं को कृत्रिम करेगा, और इसी तरह, मौका मिलने पर, अपनी कुलीनता को कृत्रिम करेगा।" टार्डे के अनुकरण का एक अन्य नियम यह है कि कृत्रिम की सीमा या तीव्रता दूरी के अनुपात में या उसके विपरीत भिन्न होती है। उन्हीं के शब्दों में "जिस वस्तु का सबसे अधिक अनुकरण किया

जाता है, वह उनमें निकटतम सबसे श्रेष्ठ होती है।'' वास्तव में, प्रतिरूप के उदाहरण का प्रभाव उसकी दूरी के साथ–साथ सीधे तौर पर उसकी श्रेष्ठता पर भी प्रभावोत्पादक होता है। यहाँ दूरी को उसके समाजशास्त्रीय अर्थ में समझा जाता है। कोई अजनबी अंतरिक्ष में कितना भी दूर क्यों न हो, इस दृष्टि से वह निकट ही है, यदि हमारे उसके साथ असंख्य और दैनिक संबंध हों और यदि हमारे पास उसकी कृत्रिम करने की अपनी इच्छा को पूरा करने की हर सुविधा हो। निकटतम, सबसे कम दूर का कृत्रिम का यह नियम, उच्च सामाजिक स्तर द्वारा निर्धारित उदाहरण के प्रसार के क्रमिक और निरन्तर चरित्र की व्याख्या करता है।"

मेरे प्रसंग को प्रमाणित करने के लिए– जिसे वास्तव में किसी प्रमाण की आवश्यकता नहीं है कि कुछ जातियाँ अनुकरण द्वारा बनाई गई थीं, मुझे ऐसा लगता है कि सबसे अच्छा तरीका यह पता लगाना है कि अनुकरण द्वारा जातियों के गठन के लिए महत्त्वपूर्ण परिस्थितियाँ हिंदू समाज में मौजूद हैं या नहीं। प्रतिरूपता की शर्तें हैं, इस मानक प्राधिकरण के अनुसारः–

(1) कि कृत्रिम के स्रोत को समूह में प्रतिष्ठा मिलनी चाहिए और

(2) कि समूह के सदस्यों के बीच "असंख्य और दैनिक संबंध" होने चाहिए।

ये स्थितियाँ भारत में मौजूद थीं, इसमें संदेह करने का कोई कारण नहीं है। ब्राह्मण एक अर्ध–देवता है और लगभग एक गौण–देवता है। वह एक साधन स्थापित करता है और बाकी को ढालता है– उसकी प्रतिष्ठा निर्विवाद है और आनंद तथा अच्छाई का स्रोत है। क्या ऐसा प्राणी, जिसे धर्मग्रन्थों में आदर्श माना जाता है और पुरोहित

वर्ग द्वारा पूजनीय माना जाता है, अपने व्यक्तित्व को विनम्र मानवता पर प्रदर्शित करने में असफल हो सकता है? क्यों, अगर कहानी सच है, तो उसे सृष्टि का अंत माना जाता है। ऐसा प्राणी केवल नकल से कहीं अधिक के योग्य है, लेकिन कम से कम नकल के योग्य है; और यदि वह अंतर्विवाही घेरे में रहता है, तो क्या बाकी लोगों को उसके उदाहरण का अनुसरण नहीं करना चाहिए? व्यभिचारिणी मानवता! चाहे वह एक गंभीर दार्शनिक या एक तुच्छ गृहिणी के रूप में सन्निहित हो, वह हार मान लेती है। यह अन्यथा नहीं हो सकता। अनुकृति आसान है और आविष्कार कठिन।

जातियों के निर्माण में अनुकृति के खेल को प्रदर्शित करने का एक और तरीका उन रीति–रिवाजों के प्रति गैर–ब्राह्मण वर्गों के रवैये को समझना है, जिन्होंने जाति की संरचना को उसके आरम्भ के दिनों में समर्थन दिया था, जब तक कि इतिहास के दौरान, यह अंतर्निहित नहीं हो गया। हिंदू विचार आज भी बिना किसी सहारे के वहीं लटका हुआ है–

फिलहाल इसे तालाब की सतह पर अपतृण की तरह किसी सहारा की नहीं बल्कि विश्वास की जरूरत है। एक तरह से, लेकिन केवल एक तरह से, हिंदू समाज में जाति सतीप्रथा की स्थिति, जबरन विधवापन और लड़की के विवाह की प्रथाओं के पालन की सीमा के साथ सीधे भिन्न होती है। लेकिन इन रीति–रिवाजों का अनुपालन सीधे तौर पर उस दूरी पर निर्भर करता है (मैं इस शब्द का उपयोग टार्डियन अर्थ में कर रहा हूँ) जो जाति को अलग करती है। जो जातियाँ ब्राह्मणों के सबसे निकट हैं, उन्होंने तीनों रीति–रिवाजों की प्रतिरूपता की है और कड़ाई से पालन पर जोर दिया है उसके जो लोग कम निकट हैं उन्होंने वैधव्य और कन्या विवाह की प्रतिरूपता

की है; अन्य, थोड़ा आगे, केवल लड़की की शादी करते हैं और जो सबसे दूर हैं, उन्होंने केवल जाति सिद्धांत में विश्वास की प्रतिरूपता की है। मैं यह कहने का साहस करता हूँ कि यह अपूर्ण नकल, कुछ हद तक जिसे टार्डे "दूरी" कहते हैं, और कुछ हद तक इन आचार को असभ्य चरित्र के कारण कहते हैं। यह घटना टार्डे के नियम का पूर्ण चित्रण है और इसमें कोई संदेह नहीं है कि भारत में जाति–निर्माण की पूरी प्रक्रिया निम्न द्वारा उच्च की नकल की प्रक्रिया है। इस मोड़ पर मैं अपने एक पूर्व निष्कर्ष का समर्थन करने के लिए वापस लौटूँगा, जो शायद आपको बहुत अचानक या असमर्थित प्रतीत हुआ होगा। मैंने कहा कि ब्राह्मण वर्ग ने सबसे पहले उन तीन प्रथाओं की मदद से जाति की संरचना को खड़ा किया। उस निष्कर्ष का मेरा कारण यह था कि अन्य वर्गों में उनका अस्तित्व व्युत्पत्तिलब्ध था। गैर–ब्राह्मण जातियों के बीच इन रीति–रिवाजों के प्रसार में साधन या आदर्श के रूप में प्रतिरूपता की भूमिका के संबंध में मैंने जो कहा है, उसके बाद, हालांकि विडंबको को इसके बारे में पता नहीं है, वे उनके बीच साधित के रूप में मौजूद हैं; और, यदि वे साधित हैं, तो वहाँ एक मूल जाति प्रचलित रही होगी जो इतनी ऊँची थी कि बाकी लोगों के लिए एक नमूने के रूप में काम कर सके। लेकिन एक धर्मशासित समाज में, नमूने के अलावा भगवान का सेवक कौन हो सकता है ?

यह उन लोगों की कहानी पूरी करता है जो अपने दरवाजे बंद करने के लिए काफी कमजोर थे। आइए अब देखें कि बाहर बंद होने के परिणामस्वरूप अन्य लोग कैसे बंद हो गए। इसे मैं जाति–निर्माण की यंत्रवत प्रक्रिया कहता हूँ। यह यंत्रवत है क्योंकि यह अवश्यंभावी है। विषय की व्याख्या के लिए दृष्टिकोण की यह रेखा, साथ ही

मनोवैज्ञानिक दृष्टिकोण, मेरे पूर्ववर्तियों से बच गई है, पूरी तरह से इस तथ्य के कारण हैं कि उन्होंने जाति को अपने आप में एक इकाई के रूप में कल्पना की है, न कि जाति–प्रणाली के अंदर एक इकाई के रूप में। इसी पर्यवेक्षण का परिणाम या दृष्टि की कमी का परिणाम विषय–वस्तु की उचित समझ के लिए बहुत हानिकारक रहा है और इसलिए इसकी सही व्याख्या है। मैं एक उक्ति से अपना स्पष्टीकरण देना जारी रखूँगा जिसे मैं आपसे लगातार याद रखने का आग्रह करूँगा। इसका तात्पर्य यह है कि एकवचन संख्या में जाति एक अवास्तविकता है। जातियाँ बहुवचन संख्या में ही विद्यमान हैं। जाति जैसी कोई चीज नहीं है। जातियाँ हमेशा होती हैं। मेरे अर्थ को स्पष्ट उदाहरण करने के लिए। खुद को एक जाति बनाते समय, ब्राह्मणों ने, इसके आधार पर, गैर–ब्राह्मण जाति का निर्माण किया; या, इसे अपने तरीके से व्यक्त करने के लिए, उन्होंने स्वयं को बंद करते हुए दूसरों को बाहर बंद कर दिया। मैं एक और उदाहरण लेकर अपनी बात स्पष्ट करूँगा। भारत को समग्र रूप से लें, जिसमें विभिन्न संप्रदायों द्वारा नामित विभिन्न समुदाय शामिल हैं, जिनके प्रति वे निष्ठा रखते हैं, जैसे कि हिंदू, मुसलमान, यहूदी, ईसाई और पारसी। अब, हिंदुओं को छोड़कर, बाकी सभी गैर–जातीय समुदाय हैं।

लेकिन एक–दूसरे के संबंध में ये जातियाँ हैं। दोबारा, यदि पहले चार स्वयं को घेर लेते हैं, तो पारसी प्रत्यक्ष रूप से बाहर हो जाते हैं, लेकिन अप्रत्यक्ष रूप से बंद हो जाते हैं। प्रतीकात्मक रूप से, यदि समूह 'आ' अंतर्विवाही होना चाहता है, तो समूह 'ब' को केवल परिस्थितियों के बल पर ऐसा करना होगा।

कोई भी नवीनीकरण जो जाति के नैतिक, धार्मिक और सामाजिक संहिता को गंभीर रूप से विफल बनाता है उसे जाति द्वारा बर्दाश्त

किए जाने की संभावना नहीं है, और जाति के हठी सदस्यों को जाति से बाहर निकाल दिए जाने का खतरा है, और अन्य जातियों में शामिल होने या समाहित होने के विकल्प के बिना उन्हें अपने भाग्य पर छोड़ दिया गया। जाति के नियम कठोर हैं और वे अपराध के प्रकारों के बीच अच्छा अंतर करने की प्रतीक्षा नहीं करते हैं। नवीनीकरण किसी भी प्रकार का हो सकता है, लेकिन सभी प्रकार के नवाचारों को समान दंड भुगतना होगा। सोचने का एक नया तरीका, एक नई जाति का निर्माण करेगा क्योंकि पुराने लोग इसे बर्दाश्त नहीं करेंगे। आदरपूर्वक गुरु (पैगंबर) कहलाने वाले दुष्ट विचारक को भी नाजायज प्रेम में पापियों के समान ही कष्ट भोगना पड़ता है। पहला एक धार्मिक संप्रदाय की प्रकृति की जाति बनाता है और दूसरा एक प्रकार की मिश्रित जाति बनाता है। मर्यादा का उल्लंघन करने का साहस करने वाले पापी पर जातियों को कोई दया नहीं आती। जाति–बहिष्कार दंड है और नई जाति एक परिणाम है। यह कोई अनूठा हिंदू मनोविज्ञान नहीं है जो बहिष्कृत लोगों को स्वयं को एक जाति 5 में शामिल करने के लिए प्रेरित करता है; से बहुत दूर। इसके प्रतिकूल, अक्सर वे किसी जाति के विनम्र सदस्य बनने के इच्छुक रहे हैं (अधिमान के आधार पर उच्चतर) अगर उन्हें इसके दायरे में शामिल किया जा सके। लेकिन जातियाँ परिवृत्त इकाइयाँ हैं और यह स्पष्ट विवेक के साथ उनकी साजिश है जो बहिष्कृत लोगों को खुद को एक जाति बनाने के लिए मजबूर करती है। इस निष्ठुर परिस्थिति का तर्क दयाशून्य है, और इसकी शक्ति के आज्ञापालन में ही कुछ दुर्भाग्यपूर्ण समूह स्वयं को घिरा हुआ पाते हैं, क्योंकि घेरने वाले अन्य लोगों ने, स्वयं ही उन्हें बंद कर दिया है, जिसके परिणामस्वरूप नए समूह (किसी भी आधार पर गठित जाति के नियम समाज के लिए

अप्रीतिकर हैं) को एक यांत्रिक कानून द्वारा लगातार आश्चर्यजनक बहुतायत में जातियों में परिवर्तित किया जा रहा है। इस प्रकार भारत में जाति–निर्माण की प्रक्रिया की दूसरी कहानी बताई गई है।

अब मेरे प्रसंग के मुख्य बिंदुओं को संक्षेप में प्रस्तुत करना है। मेरी राय में जाति के छात्रों द्वारा कई गलतियाँ की गई हैं, जिन्होंने उन्हें अपनी जाँच में गुमराह किया है। जाति के यूरोपीय छात्रों ने जाति–व्यवस्था में रंग की भूमिका पर अनावश्यक रूप से जोर दिया है। रंग संबंधी पक्षपात से ग्रस्त होकर, उन्होंने बहुत सहजता से कल्पना की कि यह जाति–समस्या का मुख्य कारक है। लेकिन सच्चाई से दूर कुछ भी नहीं हो सकता है, और डॉ. केतकर सही हैं जब वह इस बात पर जोर देते हैं कि सभी राजकुमार, चाहे वे मानो आर्य जाति के हों, या मानो द्रविड़ जाति के, आर्य थे। चाहे कोई जनजाति या परिवार प्रजाति की दृष्टि से आर्य या द्रविड़ था यह एक ऐसा प्रश्न था जिसने भारत के लोगों को तब तक परेशान नहीं किया, जब तक कि विदेशी विद्वान नहीं आए और उन्होंने इस पर रेखा खींचना शुरू नहीं किया। त्वचा का रंग बहुत पहले ही महत्त्व का विषय नहीं रह गया था। फिर, उन्होंने केवल निरूपण को ही स्पष्टीकरण समझने की भूल कर दी है और उन पर ऐसे झगड़ पड़े जैसे कि वे उत्पत्ति के सिद्धांत हों। व्यावसायिक, धार्मिक आदि जातियाँ हैं, यह सच है, लेकिन यह किसी भी तरह से जाति की उत्पत्ति की व्याख्या नहीं है। हमें अभी तक यह पता नहीं चल पाया है कि व्यावसायिक समूह जातियाँ क्यों हैं; लेकिन यह प्रश्न कभी उठाया ही नहीं गया। अंततः उन्होंने जाति को बहुत हल्के में लिया है जैसे कि इसे एक सांस ने बनाया हो। इसके विपरीत जैसा कि मैंने इसे समझाया है, जाति को कायम रखना लगभग असंभव है क्योंकि इसमें जो कठिनाइयाँ शामिल

हैं वे भयंकर हैं। यह सच है कि जाति विश्वास पर टिकी है, लेकिन विश्वास से पहले एक संस्था की नींव बनती है, संस्था को स्वयं को कायम और मजबूत बनाने की जरूरत है। जाति समस्या के मेरे अध्ययन में चार मुख्य बिंदु शामिल हैं:–

(1) इसके बावजूद हिंदू आबादी की सम्मिश्रित संरचना में गहरी सांस्कृतिक एकता है;

(2) जाति एक बड़ी सांस्कृतिक इकाई के टुकड़ों में विभाजित है;

(3) कि शुरुआत में एक ही जाति थी और

(4) प्रतिरूपता और बहिष्कार के माध्यम से वर्ग जाति बन गए हैं।

आज भारत में जाति की समस्या से विशेष रुचि जुड़ी हुई है; सानुरोध प्रयास के रूप में इस अप्राकृतिक संस्था को खत्म करने का प्रयास किया जा रहा है। हालाँकि, सुधार के ऐसे प्रयासों ने इसकी उत्पत्ति के संबंध में काफी विवाद पैदा कर दिया है, कि क्या यह सर्वोच्च अधिकारी के सचेत आदेश के कारण है, या विशिष्ट परिस्थितियों में मानव समाज के जीवन में एक अचेतन विकास है। जो पश्चात् कथित को धारण कर दृष्टिकोण रखते हैं, मुझे आशा है, कि इस लेख में उन्हें अपनाए गए सिद्धांत में विचार के लिए कुछ सामग्री मिलेगी। इसके प्रायोगिक महत्त्व के अलावा जाति का विषय एक संविलयन समस्या है और इसके सैद्धांतिक आधारों के बारे में मुझमें जो रुचि पैदा हुई है, उसने मुझे आपके सामने कुछ निष्कर्ष रखने के लिए प्रेरित किया है, जो मुझे अच्छी तरह से स्थापित लगते हैं, और वे आधार जिन पर उनका समर्थन किया जा सकता है। हालाँकि, मैं इतना अभिमानी नहीं हूँ कि उन्हें किसी भी तरह से अंतिम, या विषय की चर्चा में योगदान से अधिक कुछ भी मानूँ। मुझे ऐसा लगता है कि

कार को गलत पंक्तियो पर मोड़ दिया गया है, और कागज का प्राथमिक उद्देश्य यह प्रकाशित करना है कि मैं जाँच का सही रास्ता क्या मानता हूँ, ताकि एक उपयोगी सत्य तक पहुँचा जा सके। हमें, जबकि, विषय को पक्षपत के साथ, समझने से अपने को बचाना चाहिए। भावना को विज्ञान के क्षेत्र से नियम विरुद्ध किया जाना चाहिए और चीजों को वस्तुनिष्ठ दृष्टिकोण से आँका जाना चाहिए। मुझे अपनी विचारधारा के सकारात्मक विनाश में उतना ही आनंद मिलेगा, जितना किसी विषय पर तर्कसंगत असहमति में, तथापि कई सीखी हुई जिज्ञासाओं के बावजूद हमेशा के लिए विवादास्पद बना रहेगा। निष्कर्ष के तौर पर, हालांकि मैं जाति के सिद्धांत को आगे बढ़ाने के लिए महत्त्वाकांक्षी हूँ, अगर इसे अप्रतिरक्ष्य दिखाया जा सकता है तो मैं इसे छोड़ने के लिए भी उतना ही तैयार रहूँगा।